Publication de la Réunion des Officiers

LA

MANŒUVRE SUR LA CARTE

(LE JEU DE LA GUERRE)

PUBLIÉ PAR LE CORPS D'ÉTAT-MAJOR ITALIEN

TRADUIT DE L'ITALIEN

Par L. VOLLOT, Capitaine du génie

RENNES

LIBRAIRIE MILITAIRE ALPH. LEROY FILS

Imprimeur-Éditeur

—

1873

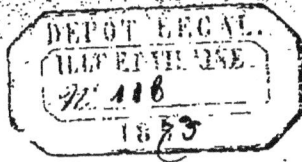

LA

MANOEUVRE SUR LA CARTE

(LE JEU DE LA GUERRE)

©

Publication de la Réunion des Officiers

LA

MANŒUVRE SUR LA CARTE

(LE JEU DE LA GUERRE)

PUBLIÉ PAR LE CORPS D'ÉTAT-MAJOR ITALIEN

TRADUIT DE L'ITALIEN

Par L. VOLLOT, Capitaine du génie

.RENNES

LIBRAIRIE MILITAIRE ALPH. LEROY FILS

Imprimeur-Éditeur

—

1873

La *Manœuvre sur la carte* que vient de publier le corps de l'Etat-major italien à la fin de l'année dernière est une imitation très-rapprochée, et cependant quelque peu modifiée, du *Kriegspiel,* ou, pour parler français, du *Jeu de la guerre* en usage chez les Allemands. Il est à remarquer que ce jeu, très-employé depuis longtemps chez ces derniers, mais resté jusqu'à la dernière guerre peu en faveur dans les autres armées de l'Europe, peut-être simplement parce qu'il était peu connu, est au contraire devenu aujourd'hui l'objet d'une étude et d'une attention spéciales. La Russie et l'Italie l'ont adopté, l'ont vulgarisé dans leurs armées et paraissent attacher la plus grande importance à voir les officiers se familiariser avec les règles de ce jeu et s'adonner aux manœuvres qu'il sert à figurer. Ce n'est pas nous qui nous étonnerons de ce fait. Assurément si, jusqu'aux derniers événements, nous avons soit dédaigné, soit délaissé le Jeu de la guerre, c'est uniquement parce que nous n'avions pas cherché à le connaître : car il nous paraît aujourd'hui impossible qu'en l'étudiant, même sommairement, le lecteur ne soit pas conduit à en admirer l'ingéniosité, et à en sentir l'utilité.

Il est en effet un complément précieux des manœuvres sur le terrain, auxquelles il peut servir de préparation. Ces dernières ont, il est vrai, une supériorité incontestable en ce qui regarde l'instruction des hommes de troupe et des sous-officiers : évidemment nulle part mieux que sur le terrain, ceux-ci n'apprendront à établir des avant-postes, des grand'gardes, des postes d'avis, et, pour la cavalerie, à explorer une région, à lancer des patrouilles de reconnaissance, à établir des postes de correspondance, etc. Mais s'il s'agit de l'instruction des officiers, les manœuvres, surtout les grandes manœuvres, nous paraissent présenter, tant par la complication de la mise en scène que par la nécessité de remplacer par des conventions fictives les circonstances réelles de la guerre, des inconvénients qui, dans le Jeu de la guerre, disparaissent naturellement.

Ici, en effet, la mise en scène est simple : des officiers se réunissent pendant deux ou trois heures que leur laisse leur service, et entrent immédiatement en action. Puis, la lutte engagée, ils ne sont pas arrêtés par des impossibilités d'exécution. Tel village occupé par un parti est canonné ou attaqué par un autre, et les règles du jeu permettent de décider l'issue de la lutte, en s'écartant aussi peu que possible des données réelles de la guerre. L'élément même du hasard, de la fortune, entre en ligne de compte. En un mot, à peu de frais, sans se déplacer, des officiers peuvent trouver dans un travail de quelques heures, un profit considérable pour leur instruction, et se familiariser avec le maniement des diverses armes.

La publication italienne que nous offrons aujourd'hui n'est pas simplement un exposé aride de la méthode à suivre pour manœuvrer sur la carte. Avant de donner les règles du jeu, elle en expose en détail l'esprit, insistant particulièrement sur le rôle que doivent jouer le directeur de la manœuvre et le juge ou arbitre. A ce titre elle nous paraît plus complète, mieux *comprise* que les instructions parues jusqu'à ce jour. Quant aux règles, elles sont calquées sur celles du jeu allemand. Nous devons signaler cependant une simplification, entre autres, qui nous paraît importante. Dans le jeu allemand, le calcul des pentes vient compliquer extraordinairement la marche de la manœuvre : dans le calcul des mouvements des troupes, il y a tout une *gamme* de pentes dont il faut constamment se préoccuper. L'état-major italien a rejeté cette complication, tant que la pente n'atteint pas une limite indiquée dans les tables. En dehors de ce cas, on admet : d'abord que la pente ne retardera pas sensiblement la vitesse d'une attaque, puis, que le juge pourra toujours en tenir compte, s'il le croit nécessaire.

Nous avions eu d'abord l'intention d'introduire à notre tour, dans cette traduction, une modification d'une certaine utilité : nous voulions approprier les tables relatives aux pertes causées par le feu de l'infanterie et de l'artillerie aux effets produits par les armes en usage dans notre armée. Nous avons dû cependant renoncer à ce projet par suite de l'impossibilité, pour le fusil, de trouver des tables de tir donnant des résultats contrôlés par une commission, ou présentant un caractère satisfaisant d'exactitude, et, pour le canon, par l'ignorance du modèle qui sera adopté dans notre armée. Nous espérons plus tard, s'il y a lieu, réparer cette lacune. Au reste, le mal est sans grand inconvénient à nos yeux ; d'abord parce que, d'après la façon dont on doit construire les tables, comme

on le verra dans le courant de l'ouvrage, les diffé-
rences ne seraient peut-être pas bien sensibles; puis,
parce que les données étant les mêmes pour les deux
adversaires, l'issue de la lutte est indépendante du
genre d'armes à feu employées.

L. V.

11 mars 1873.

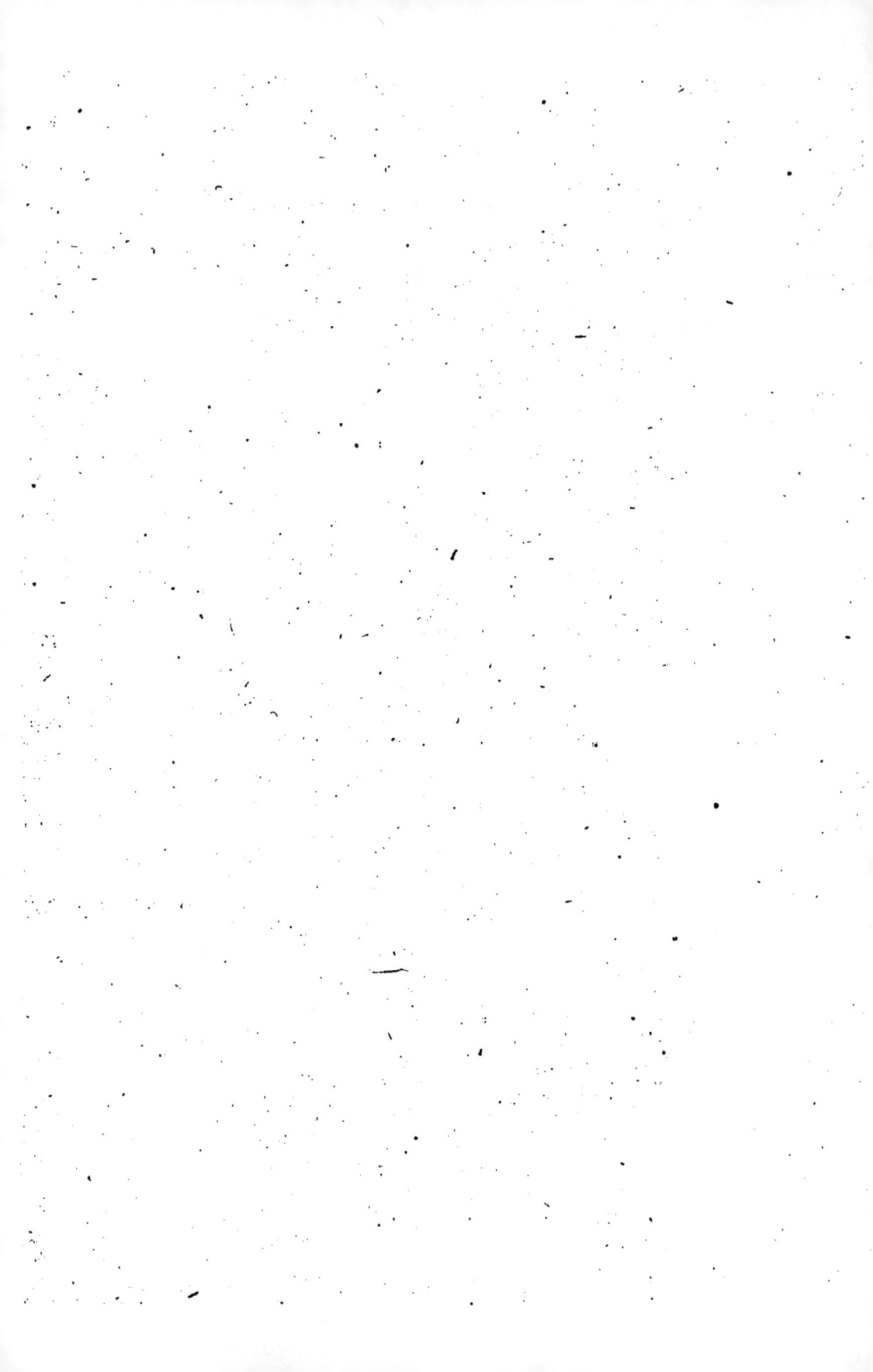

INTRODUCTION

L'idée de représenter les manœuvres en se servant de cartes topographiques à grande échelle ne date assurément pas d'aujourd'hui. Toutefois, comme ceux qui enseignaient l'usage de cette espèce d'échiquier, suivaient presque toujours une méthode à eux qu'ils ne divulguaient pas dans la suite, et que dans l'armée on n'appréciait pas suffisamment l'usage de ce genre d'exercice, on n'avait jamais songé à publier une instruction pour en généraliser l'usage. Mais à la suite des succès de la Prusse, l'attention des militaires fut attirée de nouveau sur ces manœuvres figurées que les Allemands regardaient comme tellement utiles qu'ils possédaient des livres indiquant la manière de se servir des cartes et des différentes pièces, et de représenter les manœuvres de manière à se rapprocher le plus possible de la vérité, ainsi que la manière de tenir compte du temps, des pertes en hommes et de la consommation des munitions. Par la suite, ces livres furent traduits et certains centres militaires fondèrent des conférences où étaient appelés les officiers pour s'exercer au *jeu de la guerre*. Ces essais rendirent plus manifeste l'utilité d'une instruction faite expressément pour l'armée, d'autant plus que les ouvrages étrangers dont nous parlons supposent généralement la connaissance première du *jeu* en question, inconnu en réalité dans notre armée, et qu'ils se bornaient dès lors à donner des règles qui ne suffisaient pas à le faire connaître à ceux qui n'en avaient pas déjà une idée, et laissaient le champ libre à de nombreuses et fort diverses interprétations.

C'est cette lacune que vient combler cet opuscule dans lequel, outre le but didactique, on a eu en vue, en suivant la même marche que les auteurs allemands (et spécialement ceux du colonel Trotha et du capitaine Tschischwitz), de mettre les calculs des pertes et de la consommation des munitions en harmonie avec les données que l'on possède sur les effets de notre armement et d'en simplifier les procédés en évitant certaines longueurs qui rendraient fatigants, et par suite même peu instructifs, de semblables épreuves.

L'utilité de la manœuvre sur la carte apparaît évidente quand l'échelle de celle-ci et la grandeur des pièces représentant les troupes permettent le développement de thèmes à la solution desquels concourent des forces moyennes. Alors il est possible de descendre aux détails les plus minutieux des opérations, et, en faisant manœuvrer des corps composés des différentes armes, il devient

facile de se faire une idée de l'action spéciale de chacune
et du concours qu'elles se prêtent. En outre, un exercice de ce genre offre la meilleure occasion d'habituer
l'œil à la lecture rapide et exacte des cartes lorsque le
terrain change, en employant aussi des cartes étrangères
dont le système diffère du nôtre. Mais l'utilité la plus
grande des manœuvres figurées résulte certainement des
péripéties nombreuses qui se présentent pendant leur
développement, lesquelles ouvrent un vaste champ aux
discussions les plus instructives quand elles sont faites
avec le calme, avec l'ordre que comporte un sujet de
cette importance. En procédant ainsi, en un temps rela-
tivement court, on aura non-seulement l'occasion de résoudre pratiquement un grand nombre de problèmes tactiques qui peuvent aussi bien se présenter réellement sur
le terrain, mais on trouvera encore un développement
rationnel précieux de l'instruction théorique, à l'aide des
discussions qui, naissant des petits détails d'un cas particulier, s'élèveront aux principes généraux de l'art de
manier les troupes à la guerre.

Pour que la discussion devienne réellement instructive
et procède avec le calme indispensable pour arriver à de
bons résultats, la présence d'officiers des différentes
armes est très-utile, celle d'un officier supérieur est indispensable, dont l'autorité du grade et du savoir s'impose
aux parties intéressées.

La présence d'officiers des différentes armes sera pour
beaucoup d'entre eux une excellente occasion d'acquérir

les connaissances spéciales qui sont toujours utiles. Celles d'un officier dont l'autorité du grade et du savoir domine l'intérêt des parties est nécessaire pour qu'il y ait quelqu'un qui puisse modérer les adversaires, corriger les observations peu justes que l'un des assistants pourrait faire, diriger la discussion pour qu'elle ne sorte pas du champ de la pratique, et représenter, en un mot, la *science* et l'*autorité,* selon l'occurrence.

Cette dernière condition est si importante, qu'il semble indispensable d'établir que, sans la présence de ce directeur, l'exercice dont nous parlons ne doit pas se faire, car cet exercice, certainement très-utile quand il est éclairé par de sages observations pratiques qui le maintiennent dans le champ de la réalité autant que le comportent l'absence des facteurs moraux et la vue d'un terrain beaucoup plus grand qu'on ne l'aurait sur le champ de bataille, cet exercice peut devenir très-dangereux, non-seulement au point de vue didactique, mais encore au point de vue moral et disciplinaire. Quand on procède sans règle, sans s'appuyer constamment sur ces principes qu'il s'agit justement de mettre en pratique, il devient alors inutile pour ceux qui sont instruits, fécond en idées fausses pour les autres et dangereux par les chocs d'amour-propre et les susceptibilités personnelles qu'il peut mettre en jeu.

PREMIÈRE PARTIE

Personnel et matériel de la manœuvre sur la carte.

L'exécution des manœuvres sur la carte exige le personnel et le matériel suivants :

§ 1. — *Personnel.*

a) Les commandants des deux partis ennemis qui doivent développer un thème donné. Si les forces engagées sont considérables, on peut augmenter le nombre des chefs de chaque parti. Dans ce cas, l'un d'eux remplira les fonctions de commandant en chef, pendant que les autres prendront le commandement de tel ou tel corps, de telle ou telle colonne, de l'artillerie, de la cavalerie, d'une avant-garde, d'une aile, d'une réserve, etc., etc.

b) Un arbitre neutre, ou *Juge,* qui doit veiller à l'observation de toutes les règles de cet exercice, contenues dans cette instruction.

Quand les forces engagées sont nombreuses, il sera utile de donner un ou même plusieurs juges à chaque parti.

c) Un arbitre supérieur, nommé *Directeur*, dont le

rôle est de diriger la manœuvre et les discussions de manière à les rendre utiles.

Le Juge représente en quelque sorte la *Loi* inflexible ;
tandis que le Directeur représente la *Science* et en même
temps la discipline.

d) Un ou plusieurs secrétaires, chargés d'aider les
juges en tenant le compte du temps qui s'écoule,
des pertes d'hommes, et de la consommation des munitions.

§ 2. *Matériel.*

a) Des cartes topographiques, à une échelle variant du
5,000ᵉ au 10,000ᵉ, représentant autant que possible un
terrain véritable.

b) Des signaux ou pièces à l'échelle du 5,000ᵉ représentant les troupes des deux partis, savoir :

INFANTERIE.

Compagnie (120 hommes).

Section ou demi-compagnie
(60 hommes).

Demi-section en ordre serré
(30 hommes).

Troupe en tirailleurs couvrant
le front d'un bataillon.

Groupe ou patrouille plus petite
qu'une demi-section.

Cavalerie.

Escadron (120 chevaux).

Demi-escadron (60 chevaux).

Peloton (30 chevaux).

Groupe ou patrouille plus petite qu'un peloton.

Artillerie.

Section (2 pièces).

Les signaux d'un parti sont jaunes, ceux de l'autre
bleus. Il sera utile d'avoir de petites pinces pour pouvoir
déplacer plus facilement les pièces.

c) Echelles et compas pour la mesure des distances.

d) Tableaux et dés :

1º Tableau des décisions (tableau A).

2º Tableau qui détermine l'usage à faire du tableau A,
suivant les cas (tableau B).

3º Tableau des pertes causées par le feu d'infanterie en
deux minutes (tableau C).

4º Tableau des pertes causées par le feu d'artillerie en
deux minutes (tableau D).

5º Tableau des distances que peuvent parcourir les
troupes en deux minutes (tableau E).

6º Registre pour noter le temps écoulé, les pertes subies et les munitions consommées (tableau F).   **2**

DEUXIÈME PARTIE

Marche de la manœuvre.

§ 3. — La manœuvre sur la carte a pour but de développer des thèmes tactiques et d'apprendre à manier des troupes.

D'autre part, le peu d'étendue du terrain représenté par les cartes à grande échelle que l'on doit employer et d'autres raisons faciles à comprendre ne la rendent pas propre à résoudre des thèmes logistiques. Il faut donc que le directeur propose ou approuve, pour ces exercices, des thèmes établis dans des conditions telles que les deux partis ne puissent éviter d'en venir au contact et par suite au combat.

Pour que le thème soit rationnel et que les partis puissent se faire une idée claire de la façon dont on doit les choisir, il conviendra de le diviser en deux parties, savoir : *thème général,* qui précise le moment stratégique où se fait la rencontre et donne une idée de la situation des troupes des deux partis; *thèmes particuliers,* qui précisent les forces attribuées à chaque parti et le but qui lui est assigné.

Le thème général devra indiquer seulement ce qui serait vraisemblablement connu de tout le monde au moment choisi, c'est-à-dire la situation actuelle de la guerre par suite des opérations antérieures supposées; les conditions générales des deux armées; la région et le moment de l'année où se passe l'action tactique dont on se propose le développement. Exemple :

« Une armée venant du Piémont a battu à Magenta
» l'armée chargée de défendre la Lombardie. Celle-ci
» s'est retirée vers l'Adda, en laissant une arrière-garde
» à Melegnano. L'armée victorieuse, en arrivant à Milan,
» a connaissance de la présence de l'ennemi sur le Lam-
» bro et détache un corps pour le chasser de cette posi-
» tion. L'action se passe en été et la manœuvre com-
» mence à 4 heures du matin. Le temps est sec, beau, et
» très-chaud. »

Ce thème général donnera lieu à deux thèmes particuliers, un pour chaque parti :

« a) L'armée d'invasion est entrée à Milan et a su que
» l'ennemi occupe encore Melegnano avec 4,000 hommes
» au plus (peut-être une brigade); il envoie alors pour le
» chasser une avant-garde, forte d'une brigade, composée
» comme suit :
» 6 bataillons d'infanterie;
» 2 escadrons de cavalerie légère;
» 2 batteries d'artillerie.
» Au moment où commence la manœuvre, le gros de
» la brigade est à deux kilomètres du pont de la Vittalba.
» b) L'armée battue, en retraite sur Lodi, a laissé une
» brigade à Melegnano, avec mission de défendre le pas-
» sage du Lambro le plus longtemps possible et de se
» retirer ensuite sur Lodi.

» Cette brigade se compose de 4 bataillons, un esca-
» dron, et une batterie. Au moment où commence la
» manœuvre, les avant-postes se sont retirés sur la rive
» gauche de la Vittalba. »

Il va de soi que l'on communiquera à chaque parti,
outre le thème général, celui des deux thèmes particuliers
qui seul le concerne.

Dans les premiers exercices, les forces des deux partis
pourraient être limitées à un bataillon d'infanterie, avec
quelques pelotons de cavalerie et quelques sections d'artillerie; dans la suite, elle pourrait être augmentée jusqu'à former une forte brigade mixte (d'avant-garde, ou
d'arrière-garde, ou en détachement). Toutefois, il est en-
tendu que l'on doit laisser le champ libre à toutes les
combinaisons possibles, pourvu qu'elles soient logiques
au point de vue tactique.

§ 4. — Une demi-heure environ avant le commencement de la manœuvre, le directeur ou le juge commu-
nique aux deux commandants le thème général et leur
remet en même temps le thème particulier, avec les forces
nécessaires pour l'exécution.

Le temps qui reste est accordé aux commandants pour
réfléchir à ce qu'ils ont à faire, donner leurs instructions
à leurs lieutenants, s'ils en ont, assembler leurs idées, et
se tracer un plan de conduite qui doit ensuite être communiqué au directeur et au juge. Le thème général, le
thème particulier, les dispositions prescrites par les chefs

à leurs aides et le plan de conduite arrêté de chaque côté, devront autant que possible être écrits.

Si les commandants sont peu habitués à ces exercices, le directeur, prenant chacun à part, leur fera examiner en détail la carte ou théâtre de l'action, en appelant leur attention sur la configuration de terrain et sur les avantages et les désavantages qui peuvent en résulter pour l'exécution de la manœuvre particulière qui leur est confiée. C'est ainsi qu'on habituera leur œil et leur esprit à tenir compte du terrain, à en saisir rapidement les caractères généraux, à en distinguer les différentes divisions suivant l'importance qu'elles peuvent avoir au point de vue tactique, à découvrir le fort et le faible des différentes positions, à déterminer l'objectif de l'attaque ou de la défense et à en estimer l'importance relative, enfin à donner les ordres que conseilleraient les circonstances supposées et la connaissance du théâtre de l'action. Profiter rapidement des avantages d'une bonne position ou prendre des dispositions qui arrivent à compenser les défauts d'une position mauvaise et sortir vivement de l'indécision où l'on se trouve quand on est obligé par les circonstances à combattre sur un terrain inconnu et défavorable, tel est le but de cette première étude.

§ 5. — Il appartient au juge de déterminer l'état du terrain en tant qu'il peut avoir de l'influence sur la plus ou moins grande facilité des mouvements des troupes à pied ou à cheval ou de l'artillerie ; il fixe encore la nature des bois, le mode de culture des terres, la hauteur et la force des murs et des haies, la profondeur et la rapidité des cours d'eau, la nature de leurs rives, les particularités que présentent les ponts et les constructions, et tous les autres détails que ne donne pas la carte.

Quand les deux commandants auront pris toutes les dispositions qu'ils croient opportunes, le juge, d'après les données du terrain, des thèmes, et des dispositions adoptées par les chefs, calculera l'endroit et le moment précis où les patrouilles les plus éloignées des deux partis se rencontreront, et déterminera la zone dans laquelle, de chaque côté, doivent se trouver placées, au début, sur la carte, les troupes que l'on peut présumer en vue de l'ennemi. Car une des règles fondamentales de ces exercices est que les deux adversaires mettent en évidence seulement la partie de leurs troupes qui, en guerre, sur le terrain donné, et dans les circonstances supposées de saison et de temps, seraient effectivement vues par les coureurs ou les chefs des partis et des colonnes ennemies, et rien de plus.

En conséquence, on devra représenter çà et là sur le terrain, comme vus dès le premier moment, quelques groupes, quelques partis et peut-être même quelques forces plus grandes, sans qu'on puisse bien en distinguer ni la composition ni l'importance ; puis plusieurs d'entre eux pourront disparaître, c'est-à-dire être enlevés de la carte, par suite des couverts que le terrain peut leur offrir, et d'autres au contraire se démasquer, comme cela se passe en fait sur le champ de bataille.

§ 6. — Une fois donc que l'on a fixé l'endroit et l'heure où se rencontreront les premières troupes et que l'on a déterminé le champ de la région vue, un des deux partis (indiqué par le directeur, et le plus souvent celui auquel, d'après le thème général, appartient, au moins au début, l'initiative tactique), un des deux partis commencera à disposer sur la carte toutes les pièces représentant des troupes qui pourraient être vues de l'ennemi. L'autre parti en fera ensuite autant. Quelquefois il est d'usage de cacher les troupes d'un parti pendant que l'autre dispose les siennes, afin qu'il ne puisse pas régler sa conduite sur celle de son adversaire; mais quand on observe rigoureusement la règle de ne pas faire voir les troupes qui ne peuvent pas être vues, et que le juge est bien attentif à ce que les deux partis se conforment exactement au plan qui leur a été fixé et communiqué à l'avance, cette précaution paraît superflue.

Il est bon que chaque parti ait à sa disposition une carte à petite échelle du terrain sur lequel doit se développer la manœuvre, ou encore un calque où il puisse marquer au crayon les dispositions générales et les mouvements de ses troupes, y compris celles qui sont hors de la vue de l'ennemi; il est facile alors, tant au commandant qu'au juge et au directeur, de voir à tout moment la position des forces de tel ou tel parti en épargnant ainsi et le temps et les demandes qui troublent toujours beaucoup la manœuvre. Que si l'on manque de ces cartes ou de ces calques, il sera bon que chacun des deux partis prenne note sur une feuille des dispositions et des mouvements que l'on suppose exécutés successivement.

§ 7. — Les deux partis ayant placé leurs troupes, le juge déclarera commencé le 1er *temps*.

Par ce mot de *temps* on indique l'unité de temps adoptée pour ces manœuvres simulées, équivalant à deux minutes du combat supposé, bien qu'en fait les mouvements, les calculs, et les observations et discussions qui s'y rapportent puissent demander beaucoup plus longtemps.

Si l'unité de temps était plus grande, les changements à faire seraient trop grands, et la manœuvre procéderait par à-coups au lieu de se dérouler méthodiquement; si elle était moindre, la manœuvre serait trop lente et languissante.

Aussitôt donc que le juge aura déclaré la manœuvre commencée comme nous l'avons dit plus haut, toute communication devra cesser entre les commandants et les chefs en sous-ordre des deux partis.

A partir de ce moment, et tout le temps que durera la manœuvre, le commandant devra communiquer au juge les ordres qu'il veut donner, et celui-ci, quand le temps de la transmission sera écoulé, les communiquera au chef qui doit les exécuter. Aussi, pour éviter les erreurs relatives au temps nécessaire à la transmission et à l'exécution de ces ordres, il faudra que chaque commandant indique exactement l'endroit où il se suppose établi et fasse successivement connaître au juge les points où il veut se transporter.

Le premier temps une fois commencé, le commandant qui a le premier placé ses troupes commencera à les faire mouvoir en se servant à cet effet de l'échelle et du compas et en observant rigoureusement les indications du tableau E, qui détermine les distances que peuvent parcourir en un *temps* les troupes des différentes armes, selon l'allure qu'elles prennent.

Tous les mouvements des troupes qui se trouvent hors de la vue de l'ennemi devront être portés à la connaissance du juge et indiqués sur une carte à petite échelle ou sur un calque, ou notés sur un morceau de papier de la façon suivante, par exemple :

Le commandant d'un parti écrira :

« 1er *temps*. — La colonne d'infanterie qui se trouve
» à X marche sur Y en suivant la grand'route. L'escadron
» de cavalerie qui se trouve en M se porte au trot sur N
» où il devra s'arrêter jusqu'à nouvel ordre; la batterie
» qui était à P continue à marcher sur Q, au pas et au
» trot alternés; arrivée à Q, elle devra se mettre en bat-
» terie et ouvrir son feu contre le village R. Le comman-
» dant se maintient au point O. »

Pour ne pas faire perdre trop de temps au commandant, il sera bon qu'un des officiers présents lui serve de secrétaire et écrive ses ordres. Naturellement cet officier devra s'abstenir de faire des observations, et sera considéré comme appartenant au parti dont il est secrétaire.

Le premier commandant ayant fini de faire marcher ses troupes, l'adversaire fera marcher les siennes, après quoi, le 1er *temps* étant fini, le juge déclarera le 2e *temps* commencé.

Le premier manœuvrera de nouveau, il mettra en vue celles des troupes qui entrent dans la zone découverte, il notera les mouvements de celles qui ne sont pas encore en vue et donnera les ordres qu'il donnerait réellement dans ce *temps*. L'adversaire en fera autant aussitôt que le premier aura fini. Il faut ajouter ici que quand le juge a déclaré commencé un *temps*, il est absolument défendu de revenir sur le *temps* précédent. Si un des commandants on des chefs en sous-ordre a oublié de donner ou d'exécuter un ordre, on réparera cette erreur dans le *temps* .suivant; on en agira de la sorte non-seulement pour que la manœuvre marche régulièrement et sans accrocs, mais aussi pour qu'elle conserve le plus possible l'air de la vérité.

Pour la même raison, quand il s'agit d'ordres à porter à de grandes distances, ou à travers des terrains difficiles, ou de nuit, il faudra décider s'ils sont arrivés ou non à bon port.

Les opérations finies pour le second *temps*, le juge déclarera le troisième commencé, et ainsi de suite.

Comme on l'a déjà dit, l'exécution de tous les faits qui en réalité seraient arrivés en *un seul temps*, c'est-à-dire en deux minutes, réclame ordinairement dans la manœuvre sur la carte un temps beaucoup plus grand à cause des calculs, des mesures, etc.; aussi devra-t-on tenir compte des *temps* successivement écoulés en les notant sur le registre F, afin de pouvoir aussi se faire une idée aussi exacte que possible du temps réellement nécessaire à la guerre pour le développement et l'accomplissement des divers actes d'un combat.

§ 8. — Dans la plupart des cas, les troupes les premières au contact seront les patrouilles de reconnaissance, ou les postes d'avis de cavalerie des deux partis. Alors, suivant que les commandants jugeront opportun d'arrêter tel ou tel détachement, ou de le faire changer de direction, ou de le retirer, ou de le disposer à charger, ou de le lancer à fond, le juge devra veiller à ce que tout cela se fasse au moment précis, en tenant compte des conditions exactes de temps et de lieu, et à ce que l'adversaire prenne les dispositions correspondantes exactement comme il le ferait à la guerre. Ce qui dans la pratique présente quelques difficultés à cause de l'inégalité et de la rapidité des actions de cavalerie, devra surtout attirer l'attention du directeur de la manœuvre. On comprend facilement comment de tels faits ne peuvent être fixés par des règles exactes, mais seulement par une connaissance parfaite de la tactique générale des trois armes et de celle de la cavalerie en particulier et par un bon sens pratique qui aide l'esprit à saisir les faits tels

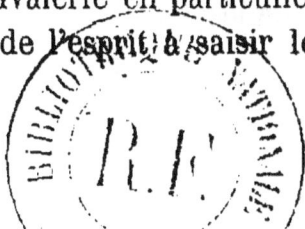

qu'ils se passeraient dans les conditions de terrain, de temps et de force que l'on suppose dans le cas dont on s'occupe.

Quand un parti devra commencer le feu, le commandant indiquera le but sur lequel doivent tirer les troupes ou l'artillerie qui ouvrent le feu, et la distance à laquelle il évalue ce but, en l'appréciant à vue sans l'aide d'une échelle. On arrivera ainsi à exercer les officiers à apprécier avec assez d'exactitude les distances sur la carte. Le juge tiendra compte de l'appréciation des distances dans le calcul des pertes, spécialement s'il s'agit de l'artillerie, l'évaluation des grandes distances offrant de plus grandes difficultés. Il fera le calcul des pertes produites par le feu tant de l'infanterie que de la cavalerie avant de déclarer ouvert le *temps* suivant, toutes les fois que ce feu aura pris ou conservé dans ce *temps* une importance dont il faudra absolument tenir compte, importance qui découlera de la quantité d'armes faisant feu, de la distance entre les deux partis, de la situation et de la disposition de ceux-ci. Il sera, par exemple, très-important de tenir compte des effets du feu, quand une fraction d'un parti se lance à l'attaque sous la portée efficace de la mousqueterie d'un fort parti ennemi. Le résultat de ce calcul sera confié seulement au parti qui aura subi des pertes; il suffira de dire à l'adversaire, s'il le demande, si son tir a produit ou non du mal, puisqu'à la guerre ordinairement on ne s'aperçoit de l'efficacité des feux qu'en voyant les troupes ennemies s'arrêter, se replier ou diminuer **leur feu.**

Le secrétaire inscrira sur le registre F les pertes subies, ainsi que la quantité de munitions consommées.

Pour le calcul des pertes, le juge se servira du dé et des tables C et D, comme nous le dirons dans la troisième partie.

Si l'un des corps ou des partis qui se faisaient face a attaqué dans le *temps* qui s'écoule, le juge, avant de déclarer ouvert le *temps* suivant, décidera l'issue de cette attaque en employant les tables A et B et fera retirer les troupes qui auront été battues. Le secrétaire notera, comme dans le cas précédent, les pertes des deux partis et les munitions consommées.

Tous ces calculs se feront comme on l'explique dans la troisième partie, qui traite de l'emploi de ces tables. De temps en temps il sera aussi utile d'additionner les pertes et de faire le calcul des munitions consommées pour pouvoir juger de l'effet moral et de la possibilité de continuer plus ou moins la défense ou l'attaque d'une position.

§ 9. — En résumé, nous dirons que, dans chaque *temps,* les différentes opérations se succèderont dans l'ordre suivant :

1o Le premier parti fait marcher les troupes qui sont visibles et note sur une feuille ou sur la carte à petite échelle les mouvements que doivent faire les troupes qui ne figurent pas sur la carte, les ordres donnés, le lieu où se trouve le commandant, et en fait part au juge;

2o Le second parti en fait autant;

3º. On procède au calcul des pertes et on les note, si on les croit de nature à ce qu'on doive en tenir compte, autrement on pourra faire ce calcul d'un seul coup pour un nombre donné de *temps* à la fois, comme on l'indique à la troisième partie. Toutes les fois qu'on calcule les pertes, on calcule aussi et l'on note la consommation des munitions;

4º On décide l'issue des attaques ou des charges qui ont eu lieu dans ce *temps* et l'on fait aussitôt exécuter les mouvements qui en sont la conséquence immédiate dans les limites de temps fixé;

4º On clôt le *temps* en déclarant commencé le *temps* suivant.

Mais quelquefois, pour faire marcher plus lestement la manœuvre, il vaudra mieux faire exécuter en une seule fois toutes les opérations qui en réalité auraient dû être exécutées en plusieurs *temps*. Les cas où l'on emploiera ces *temps multiples* (d'une durée de 10, 15, 20, 30 minutes et au-delà) sont les suivants :

1º Quand les troupes des deux partis sont encore loin les unes des autres. On pourra, dans cette hypothèse, réunir en un seul *temps* tous ceux que les premières patrouilles auraient employés à en venir au contact;

2º Quand les patrouilles des deux partis restent à dessein à s'observer réciproquement sans en venir à des actes décisifs, en attendant l'arrivée d'autres troupes ou l'achèvement de mouvements invisibles à l'adversaire. Dans ce cas on devra considérer comme réellement écoulés tous ces *temps* qui en réalité seraient passés avant l'arrivée de forces plus grandes et avant qu'un parti se décidât à prendre l'initiative ;

3° Quand un des deux partis occupant défensivement une position, l'autre entretient le combat jusqu'à l'arrivée des renforts nécessaires ou l'achèvement d'un mouvement tournant, en un mot jusqu'au moment de prononcer l'attaque.

Dans ce cas, il faudra tenir un compte exact du temps nécessaire aux renforts ou aux troupes qui manœuvrent pour apparaître à la vue de l'adversaire, en ce sens qu'on devra tenir compte du chemin à parcourir, des obstacles du terrain et des mouvements à exécuter.

4° Quand un des deux partis, ayant réussi à enlever une position longuement disputée, sera forcé, faute de troupes fraîches pour achever la poursuite, de se remettre en ordre et de reprendre haleine, tandis que l'ennemi s'éloigne ou s'attache à occuper une autre position.

Dans ce dernier cas, il faudra bien tenir compte des circonstances locales qui peuvent avoir contribué à désunir plus ou moins les troupes, de la durée de l'attaque, de la résistance de l'ennemi, des conditions atmosphériques, de l'heure plus ou moins avancée, enfin de l'état des troupes au moment où elles parviennent à se rendre maîtresses de la position. Alors on aura encore le soin d'enlever de la carte toutes celles qui étaient en vue au moment de l'attaque, et qui depuis, pendant le temps employé par les combattants soit à se rallier, soit à se replier, se sont mises à couvert ou ont été dirigées ailleurs de façon à ne plus être vues de l'adversaire. On en prendra note, comme on l'a déjà dit. La valeur totale de ces *temps multiples* sera déterminée dans chaque cas par le juge, après les observations des deux partis; mais, comme il est difficile de se faire une idée exacte de la réalité et qu'il faut un très-grand jugement pratique pour pouvoir donner une appréciation approchée de ce temps, il sera bon que le directeur prête une attention particulière à de tels moments et guide le juge dans ses décisions.

§ 10. — Quand la manœuvre est finie ou assez avancée pour qu'on en puisse juger l'issue finale, le directeur en fera un résumé succinct, ouvrira la discussion, et fera toutes les observations qu'il croira nécessaires dans l'intérêt de l'instruction générale. De même aussi il suspendra l'exercice toutes les fois que se présentera un cas sur lequel il croira utile d'appeler l'attention des assistants.

Il donnera la parole à chacun des adversaires ou à ceux qui assistent en simples spectateurs; par contre, il la retirerait si l'on en venait à sortir de la discussion calme ou si l'on s'égarait en des longueurs ou en des digressions superflues. Nul ne pourra interrompre ni prendre la parole sans en avoir obtenu la permission du directeur en personne [1].

Toutes les fois que les conditions imposées comme thèmes aux deux partis seront telles qu'il ne soit pas possible d'en voir le développement rationnel en deux ou trois heures, le directeur devra faire interrompre la manœuvre, pour la reprendre un autre jour au point où on l'aura laissée, consacrant ainsi deux, trois séances ou même plus à la solution d'un thème donné.

Cette façon d'agir est réclamée non-seulement par les exigences du service qui d'ordinaire ne permettent pas d'accorder au même exercice beaucoup d'heures par jour, mais encore par la nécessité de ne pas fatiguer l'esprit des commandants, du juge et du directeur par un exercice qui exige une très-grande attention. Il faudra, d'autre part, avoir soin que l'interruption survienne à un moment où il serait raisonnable de supposer un arrêt ou une pause

---

(1) Ces réglements nous paraissent marqués d'une empreinte bien reconnaissable du caractère allemand. Nous les avons conservés par respect pour le texte. Nous croyons toutefois qu'en France, dans un cercle d'officiers réunis de leur propre mouvement et avec le désir de s'instruire, il suffirait de poser en principe absolu une réglementation aussi sèche et aussi pédante pour décourager les meilleures volontés. Nous trouvons donc préférable pour les lecteurs français, de dire en thèse générale que le directeur sera chargé de diriger la discussion : celle-ci ne saurait dès lors sortir des règles les plus élémentaires du savoir-vivre ; et s'il nous fallait appuyer notre opinion de preuves, nous la trouverions dans l'exemple des conférences de la Réunion où le président n'a jamais eu, à notre connaissance, à rappeler à l'ordre aucune vivacité de langage.

(*Note du traducteur.*)

3

dans le combat, par exemple après une attaque réussie ou repoussée, pendant une halte de l'assaillant ou une retraite du défenseur.

§ 11. — Pour faire mieux comprendre le rôle du directeur et du juge, nous résumons ici leurs attributions principales.

Le rôle du directeur est :

De donner ou d'approuver les thèmes à développer, lesquels peuvent être proposés par un des officiers présents ;

De diriger les officiers novices dans l'examen du terrain et de les guider dans le choix des préparatifs de combat ;

De suspendre la manœuvre quand l'intérêt de l'instructeur exige une discussion sur un fait inopiné, ou l'éclaircissement d'un point douteux ;

De limiter le temps d'exécution des mouvements ordonnés par les deux adversaires quand l'un d'eux est trop lent à se décider, parce qu'il est utile d'habituer les officiers non-seulement à voir nettement, mais encore à prendre promptement un parti. Cette considération regarde surtout la cavalerie ;

De déclarer le problème résolu, de résumer la manœuvre, de diriger la discussion et d'en exposer les conclusions.

Le rôle du juge est :

De déterminer les conditions locales lorsqu'elles ne sont pas en évidence sur la carte ;

De vérifier les distances, toutes les fois qu'il y aura lieu de le faire ;

De veiller à ce qu'on n'emploie pas plus de troupes qu'il n'y en a eu d'accordées ; à ce qu'on ne mette pas en jeu celles qui ne pourraient encore être arrivées en tel ou tel•point ; que l'on ne tienne pas cachées celles qui devraient être en vue ; que l'on tienne toujours compte des obstacles locaux ; que l'on ne consomme pas plus de munitions que l'on n'en a ; que l'on emploie avec exactitude les signes et les échelles ;

De tenir compte de tous les mouvements qui sont visibles, des ordres donnés et des communications reçues de chaque côté ;

De calculer et de faire inscrire les pertes en hommes et la consommation des munitions ;

De déterminer quand une position donnée, très-exposée au feu de l'artillerie, doit être abandonnée, par le seul effet du feu, en tenant compte de l'effet moral causé par ce feu, quand bien même les pertes du défenseur ne seraient pas graves outre mesure.

Le directeur comme le juge doivent à tout prix éviter de donner des conseils à l'un ou l'autre parti pendant la manœuvre, les deux commandants devant agir uniquement d'après leur propre inspiration.

TROISIÈME PARTIE

Cas dans lesquels la décision du juge est laissée au sort. — Règles et tables pour l'issue des attaques, le calcul des pertes, la mobilité des troupes et la consommation des munitions.

§ 12. — Dans le précédent paragraphe, on a vu comment la décision relative à l'issue des divers actes de combat est en général laissée au juge. Comme il connaît les forces données à chaque parti, le thème fixé à chacun d'eux et par suite les intentions qui les dirigent, il est naturel qu'il soit appelé à décider dans tous les cas qui peuvent être résolus par le simple raisonnement. Toutefois à la guerre, l'issue des phases du combat dépend non-seulement des dispositions prises par les chefs et de la quantité des forces employées, mais encore de l'état moral des troupes, des circonstances de lieu, de saison, d'heure, d'une foule de causes plus ou moins fortuites qui, dans la manœuvre sur la carte, font totalement défaut, et dont le juge et le directeur ne peuvent tenir exactement compte, si grande que soient leur expérience et leur attention. C'est la partie laissée à la *fortune* dans les faits de guerre. Pour éviter que, en pareil cas, le verdict du juge, qui devrait toujours se fonder sur des suppositions qui pourraient en quelque façon blesser l'amour-propre du perdant, n'ait un air de partialité et pour donner au hasard la part qui lui appartient dans le fait, il est bon de laisser dans les actes particuliers du combat une large part au sort, qui, dans la manœuvre sur la carte, est représenté par le dé.

On aura donc recours au dé dans les cas suivants :

1º Pour décider si les troupes d'un parti peuvent exécuter une attaque qu'elles ont l'intention de faire;

2º Le sort ayant admis la possibilité d'une attaque, pour déterminer la durée du combat corps à corps;

3º Cette durée établie, pour déterminer l'issue finale;

4º Pour savoir si un ordre envoyé à grande distance, ou de nuit, ou à travers des terrains difficiles, arrive en temps utile au destinataire;

5º Pour décider si l'artillerie, ayant ouvert le feu avec une mauvaise évaluation de la distance, obtient ou non de son tir un effet utile en un temps donné, et quand elle commencera à l'obtenir;

6º Quand de l'artillerie canonne une position pour en chasser l'ennemi par le seul effet de son feu, et que l'on veut savoir si ce but est atteint;

7º Enfin pour déterminer le chiffre exact des pertes des troupes qui combattent, soit par le feu, soit à l'arme blanche.

Dans chacun de ces cas, le juge jette le dé, puis a recours à la table A, laquelle, comme nous le dirons tout à l'heure, ouvre le champ aux diverses probabilités de fortune plus ou moins heureuse. Mais pour obtenir le chiffre des pertes produites par les armes à feu, il est nécessaire de recourir aux tables C et D, au lieu de la table A.

§ 13. — Tables A et B.

La table A est divisée en 7 lignes horizontales et 6 colonnes verticales. Dans la première ligne horizontale sont marquées toutes les faces (ou tous les points) du dé. Les six autres lignes horizontales ont été divisées en un nombre égal de carrés coloriés, les uns en noir, les autres en rouge, et quelques-uns laissés en blanc. Chacune de ces lignes représente un *champ d'éventualité* et la table offre un ensemble de chances dont les probabilités sont égales pour les deux partis adverses dans le premier champ, et vont en diminuant pour le plus faible et en augmentant pour le plus fort à mesure que l'on descend horizontalement.

Ce jeu du sort est représenté par ces deux couleurs, noire et rouge. Le noir est favorable au parti qui a la plus grande chance de victoire, le rouge à l'autre.

Les carrés blancs n'ont aucune signification. Quand le dé en amène un, il faut le jeter de nouveau, et recommencer s'il le faut, jusqu'à ce qu'il donne un carré colorié.

Si l'on observe cette table en tenant compte de ce qu'on vient de dire, et que l'on compare le nombre des carrés des deux couleurs dans chaque champ d'éventualité, on aura la proportion suivante :

Champ I (les chances de victoire sont égales)
— II   —   comme 3 à 2
— III   —   —   4 à 2
— IV   —   —   3 à 1
— V   —   —   4 à 1
— VI   —   —   5 à 1

Dans les notes qui suivent la table A, on explique le sens des lettres et des chiffres inscrits dans les carrés, lesquels se rapportent à l'état des troupes vaincues et aux pertes subies par elles par suite du combat à l'arme blanche ; il est dit aussi comment des pertes du vaincu se déduisent celles du vainqueur.

Le petit tableau qui se trouve après la table A indique le nombre des *temps* nécessaires aux troupes vaincues pour être en état de résister à une attaque ou d'en recommencer une nouvelle.

Mais pour déterminer dans chaque cas le champ d'éventualité où l'on doit chercher la décision du sort, il faut au juge une base sûre pour asseoir son jugement.

Si, à la guerre, la disproportion des forces exerce déjà une grande influence sur l'issue des attaques, il est d'autant plus nécessaire de tenir compte du chiffre des troupes que l'un ou l'autre parti a su ou a pu réunir sur un point donné dans les manœuvres simulées, puisque le rapport numérique des forces des deux partis est à peu près l'unique base certaine sur laquelle le juge peut s'appuyer pour décider l'issue des diverses phases du combat. C'est à fixer cette base que sert le tableau B qui, en tenant uniquement compte du rapport numérique des forces des deux partis, détermine dans chaque cas les degrés de probabilité de victoire relatifs à l'un ou à l'autre, en renvoyant au tableau A où ces degrés de probabilité sont plus spécialement indiqués.

A la vérité, en établissant cette table, on n'a pas tenu mathématiquement compte des forces des deux partis, car dans la pratique, la chance de succès n'est pas toujours en relation directe avec ce rapport; et, dans le fait, si trois escadrons par exemple en attaquent un, les conditions morales étant égales d'ailleurs, il est à peu près certain que ce dernier sera battu, et ce serait une singulière preuve que de dire que les chances de victoire et de défaite sont pour lui dans le rapport de 1 à 3. Aussi a-t-on établi que le rapport de 1 à 3 correspondrait au champ VI du tableau A comme accordant les moindres chances de succès au parti le moins nombreux, et voilà pourquoi les combats où le rapport numérique est moindre que 1/3, sont d'emblée décisifs en faveur du plus fort.

L'usage de la table B est indiqué dans les notes qui suivent la table.

Pour établir le rapport numérique des forces des deux partis, on admet les relations suivantes :

1 bataillon = 4 escadrons = 4 pièces d'artillerie = compagnies en tirailleurs et bien postées.

Toutefois, comme il ne serait pas raisonnable de tenir compte seulement du rapport numérique des forces pour se faire une idée exacte des chances de victoire, le juge devra tenir compte encore des autres facteurs, pour changer en faveur de l'un ou de l'autre parti le champ d'éventualité indiqué par la table B. Exemple : Trois bataillons bleus attaquent deux bataillons jaunes et les battent. Peu après arrivent, du côté des jaunes, deux bataillons frais qui, à leur tour, attaquent les trois bataillons bleus victorieux. Le rapport des forces étant de 2 à 3, on devrait, d'après la table B, chercher la décision dans le champ d'éventualité III du tableau A. Les carrés noirs seraient favorables au parti bleu, de sorte que ce dernier aurait de nouveau les plus grandes chances de vaincre. Mais comme, à ce moment, il doit, quoique victorieux, se trouver forcément désuni et en désordre, on peut bien admettre qu'en réalité il est tout au plus de même force que le parti jaune. Il faut donc recourir à un champ qui augmente les chances de victoire de ce dernier, par exemple au champ I, dans lequel les chances sont égales pour les deux adversaires.

§ 14. — Tableau C.

La table C sert à déterminer les pertes produites par la fusillade, en prenant pour base une section d'infanterie en tirailleurs et bien postée, ou une compagnie en ordre serré, quelle que soit la force des troupes en ligne.

On a supposé que chaque homme tire 12 coups en un

temps, à 100 mètres; 10 coups à 150 mètres, 8 coups à 200 mètres, 6 à 300 mètres, et 2 coups seulement à 400, 500 et 600 mètres. Le total des coups tirés, multiplié par le tant pour 100 correspondant à un tireur médiocre, donne le nombre approché des coups qui frappent le but. Les choses se passent autrement en guerre, où l'excitation, la position peu commode des tireurs, les défauts qui se manifestent dans les fusils et dans les cartouches, les conditions atmosphériques même, diminuent de beaucoup le nombre des coups utiles. En tenant compte de ce fait et de quelques données que l'on peut recueillir sur la consommation des munitions et sur les pertes des hommes dans la dernière guerre, on peut admettre que le nombre de coups qui atteignent réellement l'ennemi ne dépasse jamais 6 % de ceux qui auraient atteint le but [1]. C'est pour cela que, dans la colonne g du tableau, qui donne le maximum des coups utiles aux diverses distances, on a pris pour base le 6 % des coups tirés.

Les autres colonnes donnent seulement 5, 4, 3, 2 et 1 pour 100 des coups tirés. Ce dernier chiffre représente le minimum des coups utiles dans les conditions supposées.

De cette façon, il devient en quelque sorte possible de faire entrer dans le calcul des pertes les causes éventuelles qui peuvent augmenter ou diminuer les effets du feu et qui sont alors représentées par le dé, dont les

---

(1) Dans le tir à la cible.

faces indiquent la colonne où l'on doit chercher chaque fois les pertes produites par la fusillade.

Pour se servir de cette table, il suffira, pour les *temps* où l'on veut calculer les pertes subies par les troupes, de jeter le dé, puis de chercher dans la colonne correspondante le nombre qui se rapporte à la distance à laquelle tirent les troupes et de multiplier ce nombre par celui des pelotons qui font feu. Comme la table suppose que tous font toujours feu, en faisant le calcul pour chaque *temps* simple, on obtiendrait bientôt un nombre d'hommes mis hors de combat de beaucoup supérieur à celui qui le serait réellement à la guerre. Pour obvier à cet inconvénient, quand le gros des forces n'en est pas encore venu aux mains, et que les premières troupes seulement font feu, divisées en petits groupes cachés par les accidents du terrain, on aura recours à la table C, seulement tous les 5 ou 6 *temps* au plus, et ce que la table donnera pour un seul *temps* sera considéré comme bon pour ces *temps* pris ensemble, mais dans les moments décisifs, on calculera les pertes *temps* par *temps*.

§ 15. — Table D.

La table D sert à déterminer les pertes causées par les feux d'artillerie en prenant pour base une batterie de 6 pièces qui tire sur un bataillon, ou sur deux escadrons, ou sur une batterie, arrêtés, déployés et découverts.

Pour la cavalerie, on aurait dû à la vérité faire un second tableau, puisque celle-ci, en présentant un but plus

élevé que les autres armes, a aussi de plus grandes
chances d'être atteinte; mais pour éviter de trop longs
calculs et des complications superflues, on a adopté la
même table pour les trois armes et l'on a admis que les
pertes d'un escadron sont égales à celles de deux compagnies. De même on a tenu compte de la chance moindre
pour l'artillerie d'être atteinte en raison des intervalles
entre les pièces. On a donc décidé pour l'artillerie que
chaque dizaine ou chiffre donné par la table représente la
perte de deux hommes et un cheval.

Voici comment on a construit la table. On a supposé
que chaque pièce tire 3 coups par *temps* aux trois premières distances, et 2 coups par *temps* aux deux dernières. En multipliant le nombre total des coups tirés en
un *temps* par le tant pour cent utile, on obtiendrait le
nombre des obus qui auraient atteint un but ayant la
hauteur d'un homme et le front d'un bataillon. A la guerre,
toutefois, le nombre des coups utiles est de beaucoup plus
faible, parce que l'excitation de la lutte, la connaissance
inexacte des distances et les variations atmosphériques
font que beaucoup de projectiles n'atteignent pas le but.

En tenant donc compte de cette correction, comme on
l'a fait pour la table relative aux feux de l'infanterie, et
en tenant compte aussi des données que l'on a déjà sur la
consommation des munitions d'artillerie dans la dernière
guerre, on a admis que, même dans les cas les plus favorables, la moitié seulement des coups qui auraient atteint
le but auraient atteint l'ennemi, et que chaque obus qui

frappe, éclate et met hors de combat 4 hommes ou 4 chevaux. De cette façon on a obtenu les chiffres de la colonne h, qui donne le maximum des pertes que peut produire une batterie.

Dans les autres colonnes (c, d, e, f, g), sont indiquées les pertes produites par la batterie quand le nombre des coups utiles est moindre et que les obus arrivent dans des conditions moins favorables, c'est-à-dire quand le sort est moins bon pour l'artillerie. Les pertes minimum correspondent à la colonne c.

Cela posé, pour faire usage de cette table, il suffira, comme pour celle de l'infanterie, de jeter le dé et de lire dans la colonne qu'il indique, le chiffre correspondant à la distance où l'on tire.

Le petit tableau annexé à la table D, sert à déterminer le temps dans lequel les coups de l'artillerie commencent à avoir de l'effet, quand, par suite de circonstances particulières du combat, les distances ne sont pas encore parfaitement connues de l'artillerie en action ou quand le commandant n'évalue pas bien la distance qui le sépare du but sur lequel il tire.

Exemple :

Une batterie ouvre le feu contre un bataillon, la distance n'est pas connue. Dans le premier *temps*, comme le dit la table, l'effet est nul. La distance n'ayant pas été jugée assez exactement par le commandant, l'effet du feu est encore nul dans le second *temps*. Dans le troisième *temps* après l'ouverture du feu, le juge, ayant trouvé que la distance est de 1,500 mètres, consultera le petit tableau annexé; il voit que pour les distances entre 1,000 et 2,000 mètres il faut recourir au champ d'éventualité II de la table A pour décider par le sort si dans ce *temps* la batterie a ou n'a pas rectifié son tir et commencé à faire de l'effet; il jette alors le dé. Si celui-ci indique un carré rouge, le tir aura été rectifié, il ne le sera pas en cas contraire; c'est-à-dire que dans le premier cas le feu de la batterie fera du mal à l'ennemi, et qu'on jettera alors le dé pour avoir, dans la table D, le chiffre des pertes. Dans l'autre cas, l'effet du feu pour ce *temps* sera déclaré nul, et il faudra, dans le *temps* suivant, consulter de nouveau le sort, sur le champ d'éventualité indiqué par le petit tableau annexé pour les distances entre 1,000 et 2,000 dans le 4e *temps* du feu. Si le dé se trouve cette fois encore défavorable, dans le *temps* suivant (le 5e depuis l'ouverture du feu), la batterie aura un tir efficace, car on admet qu'à la distance de 1,500 mètres, 8 minutes sont plus que suffisantes pour rectifier le tir.

Pour calculer les effets produits par une ou deux sections, il faudra prendre le tiers ou les deux tiers du chiffre donné par la table D. Et pour calculer les effets produits par plus d'une batterie, on devra multiplier le nombre susdit par celui des batteries, plus les fractions correspondant aux batteries incomplètes, s'il y en avait.

§ 16. — Table E.

La table E indique les distances que peuvent parcourir

en un *temps* les différentes espèces de troupes aux différentes allures qui leur sont propres. Elle contient en outre certaines règles relatives aux marches et à la façon de déterminer la vitesse des ordonnances et des officiers qui portent des ordres ou des commandants qui se transportent d'un lieu à un autre. Pour tenir compte en outre de la possibilité qu'un ordre n'arrive pas à destination, on a décidé que toutes les fois qu'il y a chance que le porteur s'égare, ou soit enlevé par l'ennemi, ou par quelque autre accident ne puisse pas remplir son devoir, le juge doit consulter le sort pour décider si l'ordre a été remis ou non à la troupe à laquelle il était adressé.

§ 17. — Table F.

La table F est un modèle de registre sur lequel doivent être notés les *temps* écoulés, les pertes subies dans chacun d'eux par les deux partis et les munitions consommées. La note en bas de ce tableau indique le nombre de coups que chaque homme d'infanterie ou chaque pièce d'artillerie tire dans un *temps,* aux diverses distances, pour faciliter à l'officier chargé de tenir le registre, le calcul des munitions consommées dans chaque *temps*.

QUATRIÈME PARTIE

Règles pour déterminer l'issue des engagements et exemples à l'appui.

§ 18. — Il est bon de remarquer avant tout que la possibilité de prononcer des attaques sur un terrain à peu près découvert, est devenue désormais fort douteuse, attendu que si des troupes en ordre lâche peuvent s'avancer jusqu'à un point donné, il n'est pourtant pas sûr qu'elles puissent traverser de même la dernière zone dans laquelle le feu doit être très-meurtrier, quand le défenseur dispose de troupes solides et bien disciplinées. Il en résulte que toutes les fois que des troupes d'infanterie voudront marcher à l'attaque d'une position dont elles seront éloignées de 300 à 450 mètres, il faudra recourir au sort, c'est-à-dire au champ d'éventualité I (tableau A), pour déterminer si les troupes peuvent avancer ou non.

Supposons pour le moment que deux bataillons jaunes veuillent assaillir une position occupée par un bataillon bleu, d'un accès facile et en terrain quelque peu couvert; le noir sera pour les premiers, le rouge pour le second. Si l'on jette le dé, la couleur qu'il indiquera décidera si les bataillons jaunes pourront tenter l'assaut avec succès ou non. Il faudra supposer que cet effet est produit par le feu ou par une cause morale. Si donc la décision du sort est favorable à l'attaquant, le juge établira lui-même la distance que ses tirailleurs pourront parcourir en un *temps*, selon que l'intention de leur commandant est de les faire avancer en faisant le coup de feu, ou de les lancer droit à l'ennemi. Si ensuite les tirailleurs, soit parce qu'ils sont encore très-loin de l'ennemi, soit parce qu'ils ont avancé lentement, ne peuvent pas traverser dans ce premier *temps* de l'attaque tout l'espace qui les sépare de l'ennemi, il faudra, une fois ce *temps* écoulé, et après avoir calculé les pertes subies, recourir de nouveau au sort; et dans ce but, le juge, suivant l'opinion qu'il pourra se faire de la situation respective des deux partis, choisira le champ d'éventualité qu'il croira répondre le mieux à la question. Et l'on continuera ainsi à consulter le sort sur la possibilité de continuer l'attaque jusqu'à ce que l'assaillant en vienne aux prises avec le défenseur, ou qu'il soit obligé par le sort à se replier.

Que si la décision est défavorable à l'assaillant, celui-ci pourra, suivant la proximité plus ou moins grande de l'ennemi et les circonstances locales, faire reculer ses troupes ou les laisser où elles sont, en attendant que dans un *temps* subséquent, le sort lui soit plus favorable. Le juge devra tenir un compte exact des pertes subies dans cet intervalle par les deux partis et de l'effet moral qu'aura dû produire sur l'assaillant l'obligation de rester pendant un certain temps exposé au feu de l'ennemi.

Plus sera dense l'ordre dans lequel on voudra exécuter

4

l'attaque, et plus seront grandes les pertes et l'effet moral produit par un temps d'arrêt ou par la retraite. Aussi, quand l'assaillant aura exposé au feu ses troupes en ligne ou en colonne, ou en général avec un front trop profond ou par groupes un peu forts, si le sort lui est défavorable deux coups de suite, il devra reculer jusqu'à 600 mètres environ de l'ennemi et sa troupe sera considérée comme incapable de résister à une attaque de l'ennemi avant que cinq *temps* au moins se soient écoulés, et comme incapable de renouveler l'attaque avant dix *temps* au moins. En résumé, on doit admettre comme règle absolue que, en terrain découvert, les troupes ne peuvent rester exposées au feu que très-peu de temps; de sorte que si la distance qui les sépare de l'ennemi est faible et si le feu est vif, elles doivent pousser vivement l'attaque, ou se retirer.

Lorsqu'ensuite il s'agit de décider l'issue du combat à l'arme blanche, comme une attaque n'a pas toujours immédiatement un résultat décisif, il sera nécessaire de recourir au sort, c'est-à-dire au champ d'éventualité I pour déterminer si dans ce *temps* seul l'issue du combat doit être décisive ou non : le noir signifiera *oui*, le rouge, *non*. Si le dé répond affirmativement, le juge déterminera l'issue finale d'après le champ d'éventualité qu'il croira convenable de choisir eu égard aux forces relatives des deux partis et aux conditions particulières où ils se trouvent. Si au contraire le dé, consulté dans le premier *temps*, a répondu non, c'est-à-dire a amené rouge, le juge recommencera l'épreuve après ce *temps* écoulé, pour savoir si dans le *temps* suivant l'issue du combat sera décisive. Si la réponse est toujours négative, la décision viendra dans le *temps* suivant (le 3me du combat corps à corps), d'après le champ d'éventualité déterminé par le juge, avec l'aide de la table B, eu égard au rapport des forces et aux autres circonstances. Ainsi, l'on n'admettra pas que la lutte à l'arme blanche dure plus de 6 minutes, sans qu'un des deux partis ne doive se retirer.

Les pertes indiquées par les carrés correspondant au champ d'éventualité I tant que l'issue de la lutte reste incertaine devront être notifiées également aux deux partis; celles qui se rapportent au *temps* où l'attaque finit seront calculées de la façon indiquée par la table A.

Il va de soi que, pour choisir le champ d'éventualité, le juge devra toujours tenir compte des avantages de la position du défenseur, et de la force des abris qui le couvrent, en ne négligeant pas toutefois les effets que peut avoir produit sur ces abris le feu d'artillerie de l'assaillant.

L'attaque terminée, le vaincu devra se retirer jusqu'à 600 mètres environ du vainqueur s'il n'y a pas sur la ligne de retraite d'abris qui lui permette de s'arrêter; et, dans ce cas, le vainqueur pourra poursuivre son succès. Si, au contraire, le vaincu trouve des abris, peut-être même préparés par lui d'avance, qui lui permettent de s'arrêter, le vainqueur devra rester sur la position conquise pour rallier et remettre en ordre ses troupes, ou les préparer à une seconde attaque.

Finalement, quand une troupe repoussée ou battue une première fois aura de nouveau le dessous dans une attaque rapprochée de la première, ce sera au juge à déterminer si la troupe vaincue deux fois de suite devra être considérée comme trop en déroute pour pouvoir reprendre part au combat.

Toutes les opérations indiquées dans ce paragraphe devront, comme on l'a déjà dit dans la première partie, être faites pour chaque *temps* isolément, quand tous les mouvements qui s'y rapportent seront achevés et que, calcul fait des pertes de chaque côté, le moment sera venu de décider de la possibilité de commencer ou de continuer l'attaque ou d'en déterminer l'issue.

Donnons un exemple pour faciliter l'intelligence des règles contenues dans ce paragraphe.

Supposons que dans le 15ᵉ *temps* de la manœuvre, 10 compagnies jaunes veuillent aborder une position occupée par 6 compagnies bleues. Les abords de la position sont faciles et le terrain est peu couvert. Au commencement du 15ᵉ *temps* les jaunes sont à 300 mètres des bleus. Le commandant des jaunes ayant déclaré vouloir attaquer, le juge consulte le champ d'éventualité I. Le dé amène noir. Le sort est donc pour les jaunes. Leur commandant déclare alors vouloir s'avancer en faisant feu, et le juge déclare que son front d'attaque peut parcourir 75 mètres pendant ce *temps* (le 15ᵉ *temps*). On fait marcher les pièces, puis on procède au calcul des pertes comme il est dit à la table C (en supposant le feu ouvert entre 6 pelotons bleus et 10 jaunes). On trouve, par exemple, que les jaunes ont perdu 24 hommes et les bleus 20.

Dans le *temps* suivant (le 16e), comme les pertes n'ont pas été graves et que l'état moral des troupes est à peu près le même pour les deux partis, le juge a recours au champ d'éventualité indiqué par la table B, pour les forces en jeu, c'est-à-dire au champ III. Le dé amène encore noir, c'est-à-dire que les jaunes peuvent continuer à avancer. Le juge accorde donc à l'assaillant un nouveau progrès de 75 mètres. Les pièces marchent et l'on calcule les pertes. Soit 24 hommes pour les jaunes et 30 pour les bleus. Dans le *temps* suivant (le 17e), le commandant des jaunes, dont les troupes ne sont plus alors qu'à 150 mètres de l'ennemi, déclare vouloir lancer toutes ses troupes à l'assaut. Les circonstances étant sensiblement les mêmes, le juge jette de nouveau le dé sur le champ III. Pour la troisième fois, on amène noir, c'est-à-dire que les deux partis en viennent aux mains. Les pièces jaunes étant alors sur la même ligne que les bleues, on calcule les pertes : admettons-les de 24 hommes pour les jaunes, de 0 pour les bleus, puisque les jaunes ont chargé ; le juge a recours alors au champ I pour savoir si l'attaque doit se décider ou non dans ce *temps* (le 17e). Le dé répond non en amenant rouge. Les pertes seront de 22 pour les bleus et 14 pour les jaunes, en supposant qu'au moment de la rencontre deux compagnies jaunes et une bleue soient restées en réserve et qu'il n'y ait d'engagés corps à corps que cinq compagnies bleues et huit compagnies jaunes. Dans le *temps* 18, le dé, jeté sur le champ I, répond *oui*, en amenant un carré noir. Dans ce *temps* on devra décider l'issue de l'attaque et fixer le champ d'éventualité auquel il faudra recourir. Eu égard au médiocre effet du feu des bleus, à la disproportion considérable des forces et à l'effet moral qu'a dû produire sur les défenseurs la marche continue en avant de l'attaque, le juge choisit le champ IV. Le dé amène 2 : le carré correspondant est noir, c'est-à-dire favorable au plus fort; donc les bleus sont contraints à se retirer et ont perdu dans la mêlée 36 hommes. Les pertes des jaunes sont de 12 à 18 hommes. Les bleus n'ayant aucun abri derrière eux devront se retirer jusqu'à 600 mètres des jaunes et ceux-ci pourront les poursuivre ou s'arrêter dans la position conquise en faisant feu, suivant que leur commandant le jugera meilleur.

§ 19. — Quand des troupes de cavalerie veulent attaquer des troupes de la même arme, on déterminera d'abord par le sort si l'attaque doit se faire, et, dans le cas de l'affirmative, on en décidera l'issue, qui pourra rester incertaine, comme on l'a dit pour l'infanterie, pendant 2 *temps* de suite. Si l'attaque de la cavalerie est préparée par un feu d'artillerie, le juge devra en tenir compte.

Le parti qui veut attaquer manifestera son intention en avançant de 225 mètres environ vers l'ennemi (la charge de cavalerie est commencée ordinairement à 675 ou

750 mètres) et l'adversaire reculera de ce qu'il faut pour ne pas être atteint en un *temps* par l'autre, s'il veut éviter l'attaque,—ou, au contraire, déclarera accepter la charge.

Comme il arrive nombre de fois entre deux cavaleries qui se chargent réciproquement que l'une se rompe et fasse demi-tour avant la rencontre, on devra tenir compte de cette éventualité en prenant le champ qui aura été choisi par le juge, d'après son opinion sur la situation respective des deux partis, pour faire décider par le sort si le choc aura lieu ou non. Alors si le dé répond *non,* le parti malheureux devra se retirer à 600 mètres au moins de l'adversaire (1). Si, au contraire, le sort dit *oui,* le parti attaqué s'avancera de 300 mètres et les deux cavaleries resteront dans cette position jusqu'à l'achèvement de tous les mouvements relatifs au *temps* dont il s'agit et jusqu'au moment de déterminer la durée ou l'issue du combat à l'arme blanche.

Pour fixer la durée du combat corps à corps dans les rencontres de cavalerie, on aura recours au sort, exactement comme dans le cas de l'infanterie (voir ci-dessus), avec cette différence que, dans le cas où l'attaque est terminée en un seul *temps,* le vaincu devra se retirer à

---

(1) Pour décider lequel des deux partis est en désordre ou en retraite avant que la rencontre ait eu lieu, le juge, conservant le même champ d'éventualité que précédemment, jettera le dé, en attribuant, comme toujours, le noir au parti qui, dans son opinion, a le plus de chance de vaincre, fût-il numériquement plus faible, et le rouge à l'autre parti.

600 mètres au moins, et dans le cas où la rencontre, indécise dans le premier *temps,* se termine dans le suivant, le vaincu devra se retirer à 450 mètres, soit à un quart moins loin que dans le premier cas, à cause de la durée plus grande du combat à l'arme blanche et de la fatigue qui en résulte pour les chevaux. Si enfin le combat dure pendant trois *temps* et que le sort soit défavorable au même nombre, celui-ci doit se considérer comme complétement battu, quoi qu'indique le carré amené par le dé. Et, dans ce cas, le vaincu devra se retirer au plus vite jusqu'à ce qu'il rencontre des troupes de son parti qui le recueillent et arrêtent le vainqueur. Mais si le vaincu est le plus fort en nombre, la lettre indiquée par le carré indiquera son sort.

S'il arrive que dans sa retraite le vaincu rencontre un obstacle insurmontable, sa déroute sera complète et l'on devra alors l'enlever de la carte. Si l'obstacle est seulement difficile, ce sera au juge de fixer le nombre d'hommes qu'il devra perdre.

Exemple d'application des règles du § 19 :

Au commencement du 20e *temps* de la manœuvre, le commandant de 4 escadrons bleus se trouvant à 750 mètres environ de 3 escadrons jaunes, manifeste l'intention de les charger en s'avançant sur eux de 225 mètres. Ces derniers déclarent accepter le combat et s'avancent à leur tour de 225 mètres. Le terrain ne présente pas d'obstacles sérieux. L'état des troupes étant à peu près le même, le juge choisit le champ III que donne la table B, pour décider si la charge peut avoir lieu. Le dé amène noir, c'est-à-dire *oui*. Le juge consulte ensuite le champ I pour fixer la durée du combat, et le dé amène le 3ᵉ carré, qui est rouge. On en conclut que la charge ne doit pas être décisive dans le 20ᵉ temps. On note ensuite les pertes des deux partis, qui seront, d'après le 3ᵉ carré du champ I, de 16 hommes pour les jaunes (les plus faibles) et de 12 hommes pour les bleus (les plus forts). Après cela on passe au 21ᵉ *temps*. Le juge consulte de nouveau le dé dans le champ I et amène 4. Le 4ᵉ carré est noir; la charge doit donc être décisive dans ce 21ᵉ *temps*. Les circonstances étant les mêmes, le juge prend le champ III pour décider l'issue du combat. Le dé donne 4, c'est-à-dire un carré rouge, favorable au parti le plus faible en nombre; les escadrons bleus seront donc battus, avec perte de 15 hommes dans ce *temps* (le 21ᵉ). De plus, ils seront forcés de se retirer en parcourant 450 mètres au moins dans un seul temps (le 22ᵉ).

§ 20. — Par analogie avec ce qui précède, quand des troupes de cavalerie veulent attaquer des troupes d'infanterie, on devra opérer de la façon suivante :

1º Calculer les effets du feu de l'infanterie ;

2º Décider si la charge peut se faire, et si la cavalerie la pousse à fond ou si elle se rompt avant d'en venir aux mains ;

3º Si la charge a lieu, en déterminer le résultat.

1° L'effet du feu dépend principalement de l'état où se trouve l'infanterie au moment de l'attaque. Si elle est déjà ébranlée par le feu de l'ennemi, et par les phases du combat, comme on doit le supposer la plupart du temps, l'attaque de la cavalerie n'étant vraisemblable que dans ce cas, son feu commencera à grande distance et sera précipité et désordonné, et l'on pourra le calculer au minimum d'efficacité. (Table C, colonne b.) Si, au contraire, elle était intacte ou peu ébranlée, ou dans des conditions matérielles et morales telles que le juge puisse la croire prête à une résistance sérieuse, l'efficacité de son feu dépendra de la façon dont elle l'exécutera, c'est-à-dire de l'espèce même du feu et des distances auxquelles il aura lieu, d'après les déclarations de son commandant. Le juge, dans le calcul des pertes, devra alors faire attention à ce qui suit :

a) A 450 mètres environ, la cavalerie sera déjà au galop.

b) La vitesse de la cavalerie sera telle que, même avec un commandant expérimenté et des soldats très-bien exercés, il sera presque impossible de faire un feu avantageux au bon moment; en outre, la trajectoire des meilleurs fusils étant peu rasante à la distance de 450 mètres, l'effet du tir sera à peu près nul pour peu que la distance réelle diffère de celle qui a été indiquée aux soldats. Pour ces raisons, les effets du feu devront se calculer par *salves* et non par *temps* comme dans les autres cas.

2º Pour décider si la cavalerie peut charger ou non, on devra tenir compte :

a) De la nature du terrain et des obstacles en avant, lesquels peuvent ralentir ou rendre tout à fait impossible la charge.

b) De l'effet moral produit par des troupes d'infanterie qui attendent avec calme la cavalerie pour la fusiller plus sûrement.

c) Des effets du feu. Pour cela on devra recourir à un champ qui donne plus ou moins de chance de réussite à l'attaque, suivant que l'infanterie a ouvert le feu à 400 mètres au moins, ou a attendu pour tirer que la cavalerie se soit approchée davantage, jusqu'au **minimum** de 75 mètres.

Le noir sera défavorable à la cavalerie.

3º Le résultat de la charge sera décidé sur le champ d'éventualité que choisira le juge, en tenant compte moins du rapport numérique des forces, que de la distance à laquelle l'infanterie a commencé le feu et de l'effet moral que devra nécessairement produire sur l'infanterie la charge de la cavalerie continuée malgré le feu.

Si la cavalerie est favorisée par le sort, et si d'autres troupes ne viennent pas rapidement au secours de l'infanterie, celle-ci devra se tenir pour complétement battue. Il faudra toujours tenir compte de la consommation de munitions faite jusque-là par l'infanterie et des conditions atmosphériques, puisqu'évidemment la résistance, surtout au dernier moment, sera d'autant plus faible que les moyens d'action feront plus défaut.

Si l'attaque est repoussée, la cavalerie subira la perte maximum indiquée par la table C, et le juge décidera si elle peut encore continuer à combattre et combien il lui faut de temps pour se rallier.

Des troupes de cavalerie ne pourront, en terrain découvert, passer à moins de 300 mètres en avant de troupes d'infanterie déployées ou bien postées. Si la distance est inférieure à 4 ou 500 mètres, la possibilité de cette manœuvre sera décidée par la première ligne de la table A. Si le dé amène rouge, le mouvement peut se faire, il ne le peut pas dans le cas contraire.

Exemple relatif aux attaques de cavalerie contre l'infanterie :

Quatre escadrons jaunes veulent charger deux bataillons bleus, distants d'environ 750 mètres, que l'on suppose déjà fortement ébranlés par le feu de l'artillerie. Le juge a déclaré l'attaque possible. Le feu commence naturellement à l'approche des coureurs qui précèdent les escadrons.

Pour nous rapprocher le plus possible de la vérité, en égard aux conditions actuelles de la tactique de combat, nous supposerons que la moitié de chacun des deux bataillons ait put tirer quatre fois pendant que la cavalerie parcourt, en chargeant, les 375 derniers mètres qui la séparent de l'infanterie, soit en une minute (un demi-*temps*). Le juge pourra alors calculer les pertes comme si, pendant un demi-*temps*, douze sections en bataille, séparées et bien postées, avaient fait feu à 75 mètres. Le dé donne 4. D'après la table C, les escadrons auraient perdu 120 hommes; mais, par suite de leur rapide allure, ce nombre devra être réduit des deux tiers (voir les notes de la table C); les jaunes auront donc perdu par l'effet du feu 40 cavaliers. Pour déterminer si la cavalerie peut pousser sa charge, comme l'infanterie a commencé le feu quand elle était encore assez éloignée, le juge recourt au champ d'éventualité I qui donne des chances égales de succès aux deux partis. Le dé donne 3, c'est-à-dire un carré rouge : le sort a donc répondu affirmativement. On devra alors dans le *temps* suivant décider l'issue définitive de la charge. D'après la table B, le juge devrait recourir au champ IV. Mais, comme les pertes de la cavalerie n'ont pas été bien graves et qu'elle peut continuer la charge malgré le feu de l'ennemi, on prendra le champ II au lieu du champ IV.

Le dé amène 3. Le carré correspondant est blanc. On recommence et on amène 2, c'est-à-dire noir. La cavalerie sera donc repoussée, et, d'après les règles données par ce paragraphe, elle aura perdu en se retirant 60 hommes (feu de 12 sections pendant un demi-*temps*.)

§ 21. — Quand de l'infanterie ou de la cavalerie veut enlever une batterie d'artillerie, il faudra toujours tenir compte des conditions locales et de la possibilité pour l'attaquant de rester sous le feu de l'artillerie. Le juge calculera donc les pertes qu'il subit en marchant et celles de l'artillerie, quand un ennemi s'approche en faisant feu.

Si, d'après ces considérations et ces calculs, l'attaque
peut être poussée à fond, il restera à décider l'issue du
combat entre les troupes de soutien et celles qui attaquent, d'après les règles contenues dans les paragra-
phes 18, 19 et 20. Si les troupes de soutien ont le dessous, et que l'assaillant soit plus fort du double que
tous les servants pris ensemble, le juge aura à décider
si les pièces peuvent encore être sauvées. Mais si les
troupes qui attaquent n'arrivent pas à la proportion ci-
dessus et que le temps manque pour emmener les pièces,
le sort décidera, en prenant le champ qu'indiquera la
table B d'après le rapport numérique des forces.

A

Tableau des décisions

R 11 3	r 13 3	B 15 4	b 17 4	T 19 5	t 21 5	Champ d'éventualité I
R 12 3	r 14 4		b 18 4	B 20 5	t 22 5	— II
R 13 4	r 15 4	b 17 5	B 19 5	b 21 6	t 23 6	— III
R 15 5	r 18 5		b 21 6		t 24 7	— IV
R 16 6	r 19 7	b 22 8		b 25 8	t 28 9	— V
R 17 7	b 28 7	b 24 8	t 25 8	b 28 9	t 30 10	— VI

R, r, signifient troupe réduite simplement à battre en retraite.

B, b, — troupe battue.

T, t, — troupe entièrement battue.

Les chiffres portés sous les lettres indiquent les pertes
subies par le vaincu; le plus grand donne le nombre
d'hommes qu'il a perdus à l'arme blanche en attaquant
un bataillon ennemi ou en soutenant son attaque; le plus
petit donne le chiffre des pertes dans un choc, quel que
soit l'assaillant, avec un escadron ennemi.

Les pertes du vainqueur sont du tiers à la moitié de
celles du vaincu. Elles doivent être augmentées ou diminuées en proportion, suivant que les troupes victorieuses
forment plus ou moins d'un bataillon ou d'un escadron.

S'il y a une seconde ligne, les troupes de la première
pourront être seulement forcées à la retraite, pourvu que
cette seconde ligne ait au moins une force égale à la
moitié de la première, en admettant les relations suivantes :

1 bataillon = 4 escadrons = 1/2 batterie = 3 compagnies développées et bien postées, et pourvu qu'elle ne
soit pas à plus de 225 mètres de la première, si c'est de
l'infanterie, ni à plus de 450, si c'est de la cavalerie.

Des troupes victorieuses assaillies par des troupes fraîches aussitôt après une attaque ont peu de chances de
victoire; il faut donc que le juge tienne compte de cette
considération en déterminant le champ d'éventualité pour
décider l'issue du second assaut.

On entend par troupes fraîches non-seulement celles
qui n'ont pas encore combattu, mais encore celles qui,
ayant pris une faible part au combat, n'ont pas subi de
grandes pertes, n'ont pas été forcées de se replier préci-

pitamment, n'ont pas été ramenées en arrière parce
qu'elles étaient épuisées ou en désordre, pourvu qu'elles
aient été au repos et à l'abri pendant un espace de 15
temps au moins après avoir combattu.

De même encore, des troupes exposées au feu pendant
2 temps au moins devront être regardées comme en très-
mauvaise condition si elles sont attaquées à l'improviste,
quand l'attaque succède immédiatement à l'attaque.

Le tableau suivant peut servir de règle au juge pour
établir le temps dont a besoin une troupe battue pour se
remettre en ordre et pouvoir de nouveau combattre :

DES TROUPES AUPARAVANT INTACTES, et qui sont	PEUVENT DE NOUVEAU	
	RÉSISTER après	ATTAQUER après
Forcées de se retirer R	2 *temps*	6 *temps*
Battues B	5 — au moins	10 — au moins
Complétement battues T	10 — au moins	20 — au moins

Si les troupes battues avaient déjà combattu aupara-
vant et étaient plus ou moins désunies, le juge fixera un
nombre de *temps* plus grand s'il le croit nécessaire pour
qu'elles puissent se remettre en ordre et en état de combattre de nouveau.

5

B

TABLEAU *qui détermine l'emploi à faire du tableau A, c'est-à-dire qui fixe le choix du champ d'éventualité quand on tient compté seulement du rapport numérique des forces des deux partis.*

On se sert de ce tableau comme d'une table de Pythagore, en prenant dans la colonne verticale A C des chiffres arabes le nombre qui exprime la quantité des unités ou fractions tactiques du parti le plus faible, et dans la colonne horizontale A B le nombre qui exprime la quantité correspondant au parti le plus fort.

Les chiffres romains indiquent le champ d'éventualité.

A	1	2	3	4	5	6	7	8	9	10	11	12	13	14	15	16	17	18	B
1	I	IV	VI																
2		I	III	IV	V	VI													
3			I	III	III	IV	V	V	VI										
4				I	II	III	III	IV	IV	V	V	VI							
5					I	II	III	III	IV	IV	IV	V	V	V	VI				
6						I	II	III	III	III	IV	IV	IV	V	V	V	VI	VI	
7							I	I	II	III	III	III	IV	IV	V	V	V	VI	
8								I	I	II	II	III	III	III	IV	IV	IV	V	
9									I	I	II	III	III	III	IV	IV	IV	IV	
10										I	I	II	II	III	III	III	IV	IV	
11											I	I	II	II	III	III	III	III	
12												I	I	II	II	II	III	III	
C																			

Exemple :

4 bataillons contre 5 bataillons........ Champ d'éventualité	II
10 escadrons contre 14 escadrons .... —	III
5 pelotons d'infanterie contre 9 pelotons d'infanterie..................... —	IV

C

TABLEAU *des pertes produites en un* temps *par les feux d'une demi-section d'infanterie (30 hommes) en tirailleurs ou d'une section (60 hommes) en ordre serré, le fusil étant du modèle 1866.*

DISTANCES a	b	c	d	e	f	g
100 mètres.............	5	10	15	20	25	31
150 —	5	9	14	19	23	28
200 —	3	5	8	10	13	15
300 —	2	3	4	6	8	10
400 —	1	2	2	3	4	5
500 —	»	1	1	2	3	4
600 —	»	1	1	2	2	2
600 à 800 mètres.........	»	»	1	1	1	2
800 à 1,000 —	»	»	»	1	1	1

Ce tableau suppose qu'une demi-section de 30 fantassins en tirailleurs et bien postés, ou une section en ordre serré tire sur des troupes déployées et découvertes. Cette hypothèse est simplement faite pour donner au calcul une base normale.

Les pertes indiquées dans le tableau doivent être diminuées de 1/3 ou de 2/3, suivant que les troupes exposées
au feu sont plus ou moins couvertes, formées en ordre
plus ou moins ouvert, arrêtées ou en mouvement. Si
d'ailleurs le peloton fait feu en marchant en avant ou en
retraite, le nombre résultant de cette première réduction
devra à son tour être diminué de 1/3.

Le nombre résultant de toutes ces réductions indique
le chiffre des hommes de cavalerie ou d'infanterie qui ont
été mis *hors de combat;* mais si c'est de l'artillerie que
l'on veut atteindre, il faut déclarer si les coups sont di-
rigés sur les hommes ou sur les chevaux. Dans le premier
cas, le chiffre trouvé donne les pertes dans la proportion
de 2/3 pour les hommes, 1/3 pour les chevaux ; dans le
second, on prendra les 2/3 du chiffre trouvé pour les
pertes en chevaux, et l'autre tiers pour les suivants et
conducteurs mis hors de combat.

Du reste, comme règle générale pour les feux d'infanterie, on peut admettre qu'au-delà de 400 mètres il ne
faut pas tirer sur des hommes isolés ou des tirailleurs,
tandis que sur des colonnes ou des masses on peut tirer
jusqu'à 650 mètres ; au-delà, il n'y a que les tireurs d'élite
qui doivent faire feu.

La colonne g contient 6 0/0 des balles mises dans la
cible dans les exercices de tir à la distance indiquée pour
un tireur moyen.

Les colonnes f, e..... contiennent 5 0/0, 4 0/0, etc.,
des mêmes résultats.

Au-delà de 1,000 mètres, on n'admettra pas le feu des troupes comme efficace. — Les tireurs d'élite pourront seuls faire feu isolément.

D

TABLE *des pertes produites en un* temps *par le feu d'une batterie de 6 pièces armée du canon se chargeant par la bouche.*

NATURE du tir	DISTANCES en mètres.						
a	b	c	d	e	f	g	h
A mitraille	De 100 á 200............	9	12	15	19	23	27
	De 200 á 400............	16	20	24	26	28	30
	De 400 á 500............	8	10	12	13	14	15
A obus.	De 500 á 1,000..........	7	14	21	28	36	43
	De 1,000 á 1,500.........	4	8	12	16	20	24
	De 1,500 á 2,000.........	2	4	6	8	10	12
	De 2,000 á 2,500.........	»	»	1	3	4	5
	De 2,500 á 3,200.........	»	»	»	1	2	3

Comme base du calcul, cette table suppose que la batterie tire sur un bataillon en ligne, ou sur deux escadrons déployés, ou sur une batterie.

Les pertes indiquées au tableau doivent être diminuées

de un ou deux tiers suivant que les troupes sous le feu sont plus ou moins couvertes, en ordre plus ou moins ouvert, arrêtées ou en mouvement, et frappées de front, d'écharpe ou de flanc.

Si les troupes sont fortes de moins d'un bataillon ou deux escadrons, les pertes sont réduites en proportion.

Pour l'infanterie et la cavalerie, le chiffre ainsi obtenu donne les pertes en hommes; pour l'artillerie, dix unités de ce chiffre équivalent à la perte de deux hommes et un cheval. Pour qu'une pièce soit démontée, il faut amener le même dé trois fois de suite pour la 1re distance, quatre fois pour la 2e et la 3e, six fois pour la 4e et la 5e.

Quant à l'emploi des feux d'artillerie, il faut admettre en principe que l'on ne doit pas ouvrir le feu contre des troupes déployées au-delà de 1,500 mètres; contre des colonnes au-delà de 2,000 et contre de grandes masses au-delà de 2,500 ou 2,800 mètres.

Le *temps* à partir duquel le feu de la batterie commencera à avoir un effet utile, quand la distance n'a pas été jugée assez approximativement, est fixée par le dé, après le second temps du feu, d'après les données suivantes :

POUR UNE DISTANCE DE	0 à 1,000ᵐ	1,000 à 2,000ᵐ	2,000 à 3,000ᵐ
Pour le 3ᵉ *temps*, on adoptera le champ d'éventualité.	I	II	III
— 4ᵉ — —	»	I	II
— 5ᵉ — —	»	»	I

L'effet du tir sera toujours nul dans le premier *temps* quelle que soit la distance, et même aussi dans le second quand la distance n'aura pas été bien appréciée.

On admettra que le tir a un effet utile dans le 3ᵉ, 4ᵉ ou 5ᵉ *temps,* quand le dé amènera sur le tableau A un carré rouge.

Pour les *temps* suivants, il n'y aura plus besoin de recourir à la table A, parce que l'artillerie aura alors rectifié son tir.

Si le but se déplace, la chance de l'atteindre étant moindre, le juge déterminera à quel champ d'éventualité il faut recourir.

Si l'artillerie tire sur une position qui, par le seul effet du feu, peut être enlevée à l'ennemi, on admettra que ce but est atteint quand, en jetant le dé sur le champ d'éventualité IV, on amènera le carré rouge [1] . Toutefois, on ne devra recourir à ce procédé que lorsque le combat se prolongeant contre une position au-delà du temps raisonnablement admissible eu égard aux conditions particulières de l'attaque et de la défense, on croira opportun de consulter le sort, qui représentera l'effet complexe des pertes subies par le défenseur et de l'influence morale exercée sur lui par le feu et par les menaces de l'assaillant.

Pour remettre les avant-trains on. comptera toujours un *temps,* de sorte qu'une batterie ne pourra se déplacer qu'un *temps* après avoir déclaré cesser le feu ; par contre, on ne tiendra pas compte du temps nécessaire pour mettre en batterie et enlever les avant-trains, lequel est compris dans le *temps* où l'effet du tir est compté comme nul.

Il appartient au juge de décider si le feu de l'artillerie doit être ralenti, si, malgré les pertes subies, les pièces peuvent encore prendre part au combat, si les circonstances réclament que les pertes soient augmentées, si, durant une attaque subite, la batterie a encore le temps de remettre les avant-trains et de s'en aller. Dans les cas douteux on consultera le dé de la façon indiquée ci-dessus, et en adoptant le champ d'éventualité I.

---

(1) Si dans les temps suivants on croit utile de recourir de nouveau au sort pour savoir si l'effet du feu a dû faire évacuer ou non la position, le juge jettera le dé sur le champ III, puis sur le champ II et finalement sur le champ I, le rouge donnant toujours la victoire à l'artillerie ; plus en effet le feu aura duré, plus croîtra pour l'artillerie la chance d'atteindre son but.

E

TABLEAU *des distances que les troupes peuvent parcourir en un* temps. [1]

NATURE des TROUPES.	ALLURE.	DISTANCES PARCOURUES en mètres.
Infanterie............	Pas.................	180
	Pas gymnastique......	206
	Pas de course........	260
Cavalerie...........	Pas.................	210
	Trot................	375
	Galop..............	570
	Galop de charge......	660 [2]
Artillerie...........	Pas.................	210
	Trot................	330
	Galop..............	525

(1) Le temps a une durée de 2 minutes.

(2) Dont les 200 derniers seulement au galop de charge.

On ne peut se servir du pas de course pendant plus de deux temps de suite.

La cavalerie peut faire usage du trot jusqu'à 8 *temps* de suite pendant le combat.

Dans les marches accélérées, on fait alterner 5 *temps* de trot et 5 temps de pas.

On ne prend pas le galop pendant plus de 3 *temps,* à part des cas très-rares, car les chevaux les meilleurs et les mieux en haleine ne peuvent galoper pendant plus de 4 *temps* sans une fatigue excessive.

On se sert du galop de charge seulement au moment de la charge, pour parcourir les 200 derniers mètres.

Au combat, l'artillerie peut marcher au trot jusqu'à 7 *temps* de suite.

En marche, elle ne prendra le trot que pendant 5 *temps* au plus, après quoi elle ira au pas pendant 5 autres *temps.*

L'artillerie n'emploie qu'exceptionnellement le galop, pour enlever des rampes fortes, mais courtes.

Il appartient au juge de décider chaque fois et selon les circonstances, si — et pour combien de temps — les troupes peuvent prendre des allures exceptionnelles. Le juge fixe encore la distance que parcourent en un *temps* les lignes de tirailleurs qui marchent en faisant feu et les troupes qui montent ou qui descendent de fortes pentes ou qui traversent des terrains où la marche est difficile, comme des broussailles, des prairies humides, des champs fraîchement labourés.

Parmi les cas exceptionnels on doit ranger comme impraticables à l'infanterie les pentes qui dépassent 35°, soit 70 0/0, soit 2/3 environ, et pour l'artillerie ou la cavalerie, celles qui dépassent 20°, soit 36 0/0, soit 1/3 environ; ces pentes extrêmes ne peuvent être franchies qu'exceptionnellement et sur de petites longueurs.

Pour les ordonnances et les officiers montés chargés de porter des ordres, et pour les commandants, quand ils veulent se déplacer, on adopte les règles fixées pour la cavalerie; toutefois le juge pourra augmenter quelque peu leur vitesse pour cette raison qu'ils sont ordinairement mieux montés.

Quand l'officier ou l'ordonnance chargé de porter un ordre doit traverser des terrains difficiles ou parcourir un long trajet de nuit, enfin quand il y a lieu de supposer qu'il pourrait s'égarer, le juge aura recours au sort, c'est-à-dire au champ d'éventualité J, pour décider si l'ordre est réellement parvenu à la troupe à laquelle il était destiné.

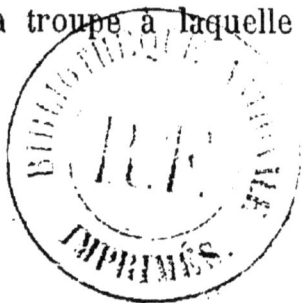

F

REGISTRE *des pertes en hommes, en chevaux et en canons,*
et des munitions consommées.

Temps.	Les bleus ont perdu		ARTILLERIE			MUNITIONS		Les jaunes ont perdu		ARTILLERIE.			MUNITIONS	
	Infanterie.	Cavalerie.	Hommes.	Chevaux.	Pièces.	Infanterie.	Artillerie.	Infanterie.	Cavalerie.	Hommes.	Chevaux.	Pièces.	Infanterie.	Artillerie.
1	»	»	»	»	»	»	»	»	»	»	»	»	»	»
2	»	»	»	»	»	»	»	»	»	»	»	»	»	»
3	»	»	»	»	»	»	»	»	»	»	»	»	»	»
4	»	3	»	»	»	»	»	»	1	»	»	»	»	»
5														
6														
7														
8														
9	14	»	4	2	»	200	32	10	»	6	3	»	200	16
10														
11														
12														
13														
14														
15	2	»	2	1	»	»	48	3	»	2	1	»	»	24
16	5	»	»	»	»	»	48	8	»	2	1	»	»	24
17	1	»	4	2	»	»	48	12	»	2	1	»	»	24
18	15	»	»	»	»	»	48	10	»	2	1	1	»	24

NOTA. — Pour calculer la consommation des munitions, on admettra comme règle générale que chaque
homme d'infanterie tire

12 coups par *temps,* à 100 mètres
10 —   —   à 150   —
 8 —   —   à 200   —
 6 —   —   à 300   —
 2 —   —   à 400, 500 et 600 mètres

et que chaque pièce d'artillerie tire

3 coups par *temps,* aux distances de 500, 1,000 et 1,500ᵐ
et 2 —   —   —   de 2,000, 2,500 et au-delà.